La piel del cielo

LORCA|Berenice

MAGDALENA LASALA

La piel del cielo

Premio «José Antonio Ochaíta» de Poesía 2024

Berenice

Este Premio Provincia de Guadalajara de Poesía «José Antonio Ochaíta» 2024 fue otorgado al libro «La Piel del Cielo», por unanimidad del Jurado, compuesto por: Mª Ángeles Novella Viejo, Jesús Orea Sánchez y Manuel Francisco Reina, siendo presidente de honor José Luis Vega Pérez en su calidad de presidente de la Diputación de Guadalajara.

Berenice
www.editorialberenice.com
@berenicelibros

© Magdalena Lasala Pérez, 2025
© Editorial Almuzara, s.l., 2025

Primera edición en Berenice: octubre, 2025

Berenice • Colección Lorca
Director de Berenice: Javier Ortega
Maquetación: Javier Díaz

info@almuzaralibros.com
Parque Logístico de Córdoba. Ctra. Palma del Río, km 4
C/8, Nave L2, nº 3. 14005, Córdoba

Impresión y encuadernación:
Liber Digital

ISBN: 978-84-10356-83-2
Depósito legal: CO-1539-2025

Impreso en España/*Printed in Spain*

Índice

Las tres estrellas morenas de tu piel de azucena,
las cuatro estrellas gemelas de tu constelación
reúnen tus dos hemisferios
cuello brazo interior izquierdo pierna derecha.
Qué nombre alzado en el cielo de las estaciones
para siempre
tenga tu cuerpo de belleza inclemente.
Errante nací buscándote sin conocerte.
Efebo recuerdo de otra vida
el triángulo de tus estrellas marca como zigurat
la tierra de mi abundancia prometida.

PRÓLOGO

Luis Alberto de Cuenca
Real Academia de la Historia

Conocí a Magdalena Lasala hace más de veinte años. Fue en Madrid, en el hall de un hotel de la calle de Claudio Coello, donde ella estaba hospedada y donde me citó para cambiar impresiones sobre la presentación a mi cargo de una novela suya, tal vez *La estirpe de la mariposa*. Lo que no sé es por qué pensó en mí. Pero el caso es que lo hizo, y aquel pensamiento desembocó en nuestro encuentro madrileño y supuso el punto de partida de una amistad que ha ido fructificando por las calles del tiempo. Nada más ver por primera vez a Magdalena, supe que me encontraba delante de una mujer con un sentido innato de la elegancia, un porte de diosa mediterránea y un amplísimo abanico de intereses culturales. Todo eso contribuyó a que nuestras almas se fundieran, al compartir ambas un afán de curiosidad universal y una sana pasión por el conocimiento. En efecto, ella era y es una enamorada de la Historia con H mayúscula, una devoradora de ese género literario que tuvo a Heródoto de Halicarnaso como padre fundador y que nos habla del pasado para que podamos entender el presente y atisbar el futuro. Una enamorada, sobre todo, de una parcela de la Historia que, en su caso y también en el mío, es el Medievo, un período calificado por el gran Paul Verlaine como *énorme et délicat*, dos adjetivos que lo definen admirablemente.

Una vez dentro de la Edad Media, Magdalena Lasala eligió como etapa favorita la edad dorada de Al-Ándalus. El orientalismo ha dado riquísimos frutos en la pintura y en la literatura europeas. El Oriente musulmán ha sido el inspirador de no pocos artistas y literatos que han querido ver en él un espacio de libertad, acaso quimérico, donde desarrollar sensualidades de toda índole, lejos de las severas prescripciones morales que regían en Occidente. A Magdalena le fascinó la formidable galería de personajes que hicieron del universo arábigo-andaluz una mitología de caudillos invencibles como Almanzor o de poetisas de cuna califal como   Wallada. Y contribuyó con sus novelas a mitificar dicho universo. Cuando Galland publicó por primera vez, a comienzos del siglo XVIII, las *Mil y Una Noches*, sirviéndose de un *codex unicus* que se perdió después, no cabe duda alguna de que el tono, entre onírico y sensual, de las *Noches* tuvo su precedente en la escritura de los grandes autores de la época dorada andalusí. Magdalena Lasala ha ejercido de transmisora de ese mundo resplandeciente y sicalíptico, y es en este terreno donde ha brillado con luz más cegadora su narrativa. Pero más allá de esa pluscuamperfecta vindicación romántica de Al-Ándalus, nuestra amiga no ha dado el más mínimo descanso a su pluma y ha abordado con similar acierto otros géneros literarios, como la literatura dramática y la poesía, siendo su actividad en este último género especialmente prolífica, con una docena larga de poemarios en su haber. El lenguaje connotativo, característico de la poesía, también es empleado con profusión por Magdalena en su faceta como narradora, dotando a sus novelas de una prosa muy influida por la intensidad expresiva de la lírica.

No nos equivocaríamos situando a nuestra amiga en la *loggia* mayor de la narrativa histórica. Y no solo por sus obras relacionadas con Al-Ándalus. Pero acabamos de decir que toda su literatura está transida de poesía, y estas breves líneas figuran como prólogo de *La piel del cielo*, un libro de versos que, como ella misma ha escrito, «busca la expresión de la emoción como elevación de la experiencia humana a la idea de trascendencia y refleja la vivencia del amor como viaje al conocimiento secreto». Toda una declaración de intenciones que ubican el libro en la casilla de una espiritualidad cercana a la mística donde lo divino se mezcla con lo humano, la realidad del cuerpo con la del espíritu y el erotismo con el misterio del conocimiento adquirido a través del amor. De una manera muy diferente a su *modus operandi* como prosista, Magdalena nos regala en *La piel del cielo* la crónica esotérica de un viaje por la piel del amado que, como el mito sacro que el chamán verbaliza, no acaba de extinguirse nunca.

Madrid, 13 de marzo de 2025

I
SÓLO YO

He atravesado tu umbral,
abierto tu puerta, te estoy llamando.
Quiero hacerte escuchar
lo que nunca te pude decir.

NADIE TE HA VISTO COMO YO TE VEO
convocar con la luz de tu torso el resplandor del cielo
envidioso de tu cintura, nadie te ha visto sujetar
con tu mano el rayo firme de la cabalgadura como yo,
cerrar tus dedos sobre la crin doblegada a tu deseo
para traer la lluvia y los ríos
                                        a la cueva donde nace la vida.
                                                    Sólo yo.

Nadie puede verte ordenar los tiempos,
que florezcan las laderas con tu solo gesto
como yo te he visto.
Sólo yo he visto la verdad de tu alma expuesta
deslumbrante
nacer de tu desnudez titánica, proclamar la hermosura
                                                    de tu ser libre
atestiguar la belleza titánica de tu paisaje envidiado

por los vigilantes más bellos. Nadie te abrazó
con las dos pirámides que engarzan tu corola
                                        al sumo triángulo
del cielo ansiado por los antiguos buscadores de luz,
sólo yo lo hice y ofrendé dos lágrimas
al silencio de los que supieron los secretos
                                        que sabidos deben callarse.
Nadie te ha visto como yo te veo
con tu océano en calma y el fondo de tus aguas

reposando el instante suficiente
                              que precisa tu sueño libre,
y tus orillas durmientes brillando
                              en la playa indescifrable
                              de tu quietud pausada,
sólo yo he tocado tu alma con mis manos
sólo mi lengua ha lamido la lengua de tu abandono
                              a otros negado
sólo yo he abusado de la anchura de tus amorosas
                              fauces
y he hecho míos sus volúmenes,
                              sus costas contra mis manos,
las dunas de tu vientre luminosamente sereno
bendecido por la codicia de los dioses.
Nadie ha visto la belleza que yo he visto
                    en la mirada que sólo a mí otorgas
engarzando los lazos y las riendas del carro
                              que nos lleva
al reino de los celosos dioses
                    que observan celosos el placer
de nuestro tiempo sin tiempo, celosos de no poder
disfrutar de tu boca como yo lo hago
ni escuchar el mandato de tu lengua como yo lo
                              escucho.
No han tenido el privilegio de la fe de tu alma, sólo yo,
de ver la lluvia para mí en tu mano, de vivir el rayo
y los rocines del paraíso traídos para mí en tu deseo.

Sólo yo he vivido el privilegio de tu saliva, gloria
en el jugo de tu capricho, el que deciden los dioses
                              que una vez existió
y he sentido la verdad de lo que quisieron imaginar
aquellos que imaginaban el cielo y lo llamaron paraíso

y dijeron que hay jardines gemelos a la dicha, la fe y
el infinito
y he comprendido su secreto porque sólo a mí
revelaste libre tu secreto y dejaste reposar libre
tu misterio sobre mi pecho gozoso de alcanzar
tu gozo rendido,
mi vientre gozoso y rendido al universo de tu enigma
mi alma rebosada de ti, tu piel derramada para mí
como el cielo derrama sus planetas, sus enigmas
y acertijos
sobre los días rendidos a su inconmensurable verdad.

Sólo yo puedo verte y sentirte como tú
decides otorgarte en la vida sólo una vez
que valen cien vidas vividas buscando
el motivo de vivirlas.
Sólo yo he comprendido y te he visto
brillando en el fondo de tus mareas
como el tesoro que buscaba y dejaste que viera
y alargué mis dedos
y hundí mi mano y mi brazo y empujaste mi ser entero
al fondo de tu sacramento y dejaste que respirara
el aire que guardaban tus corrientes
y abrí mi boca a tu sal y deseé morir y ser
para siempre contigo
ola emocionada en tu costa, espiral
entregada a tu fondo,
tempestad desbocada en tu rayo, ser eco enamorado
contigo en tu dominio, testigo de batallas y planetas
y tu salvaje belleza ambicionada en cantos
de antiguos poetas
y el remanso descubierto en lo hondo
del mar de tu alma.

Nadie lo hizo nunca, nadie pudo verte así,
como sólo yo te he visto.

II
OSIRIS ENAMORADO

Llegaste, muchacho querido.
Con la noche y el día que hacen tres, llegaste.
Mas los que al ausente añoran,
con una sola tarde envejecen.
-Teócrito-

HABLA OSIRIS EN TU BESO
revela que la muerte es dulce
como el sueño. Soy Osiris muerto de amor
                              desmembrado en palabras
en versos por tu boca glorificada, redivivo
en cada uno de mis hijos enamorado
renacido por amor enardecido ansiando morir de nuevo
                              en tu boca
en tu cuerpo de playa
besando el astro oculto entre los remos de tu barca
gemelo al que muestras en tu cuello.

Habla Osiris, soy el sueño de la muerte ebria de tu vida.
Lluevo desesperado lágrimas desmembradas
sobre tu cuerpo de arena
tu cuerpo ruta de mi sacrificio
Osiris soy estallado, desencadenado
en partículas enamoradas, arrancado de mi entrega
desmembrado en pedazos que te añoran
deshecho en llanto enamorado
para cubrirte de mi entrega, sacrificada
cada vez que cierras las puertas
y cortas las rosas que llenan mis manos.

Osiris soy, el de la bruma invernal y el silencio,
el envidiado porque me amas, enamorado de la muerte
que me otorgas con la fiebre de tu beso ansioso de ti
rendido a tu sueño y al abandono de tus flancos
ansioso de nueva muerte en tu abrazo,
                                    llorando de miedo
por si alguna vez no quisieras venir de nuevo
a juntar mis pedazos desafiando las otras vidas
                                    y las promesas
de todos los que te necesitan.

Soy Osiris muerto de amor desesperado de amor
ebrio de tu glorioso mandato
suplicante del sacrificio que exige tu gloria,
ebrio del amor que sólo a mí me otorgas,
Osiris redimido en los amantes prohibidos,
cada uno de mis hijos renacidos para tu victoria.

Habla Osiris gozosamente inmolado al sueño del edén
                        esclarecido en tu pecho hallado,
en tu vientre, en tu ombligo.

EL SUEÑO SAGRADO DE ORIÓN

Guardas para mí el secreto diáfano
de lo que nadie sabe aún.

Crearé la otra historia de Orión
el bello cazador con tus mismas piernas
que amarró
a su cintura tu destino cuando aún
era un vergel el desierto.

ORIÓNIDAS DE OTOÑO

En alta voz canto
el secreto que es silencio
como la lluvia que guardan los cielos
sin sospecharla.

Llueven estrellas tras los ojos negros de la luna negra
recorriendo el mapa de los besos
que señalan tuyo mi cuerpo,
mínimas voces de su ruta siguiendo las flechas
que señalan mío el tuyo
inaudibles susurros de sus luces que iluminan
de vez en cuando las brumas nocturnas de las cimas
tomando los colores imposibles que respiran
en mi frente santificada por tu frente.

Recoges en tu boca de Nilo desbordado
el agua de lluvia que recogen los canales del Duat
donde nuestras almas se reúnen cada invierno,
cada noche al oeste de la Vía Láctea
después de renacer con nuestro abrazo.
La luz oculta de las Oriónidas ocultas
esclarecen los rincones de los paraísos esparcidos
en aquel que sólo conocen los dioses y nosotros.

Llueven las Oriónidas en nuestro honor
agitando las agujas de tus pinos en la llanura oculta
de tu casa, detrás del día, tras la única ventana,
dejan su rumor de otoño demorado en los huecos
                        del perímetro de tus muros
donde se resisten a crecer los rosales, pero crecen,
                                para ti,
valle de reyes y de almas persignadas por estrellas
yacentes en la cumbre de tus tres álamos blancos.
Sus ramas se agitan en el ocaso ahuyentando
                            los recelos
todas las luces del cielo anochecido descansan
en sus hojas y su silencio como si aún escuchasen
nuestras voces de agua y besos desbordados
lloviendo el amor de nuestras lenguas lácteas
describiendo paraísos y jardines eternos
                        en nuestros cuerpos,
el rumor de nuestro silencio cómplice
                    del rumor del cielo
que duerme amansado reunidos por fin
                    el uno en el otro.

LOS TILOS DE OCTUBRE

Pasarán más de mil años, muchos más,
pero allá tal como aquí
en la boca llevarás sabor a mí.
-Álvaro Carrillo-

Los tilos soñados de Orión llevándonos a la ofrenda
                                            sagrada
de octubre al oeste del Nilo.
Sueño del renacer tras la muerte. Sólo por amor.

Morí mientras las luces de la Vía Láctea crepitaban
por mi dolor prometiendo el paraíso si resistía
los veinte más uno estadios del camino que comenzaba
con el cero del loco, el peregrino, el destinado a saber.

Importa lo que no ve nadie
y sólo tú y yo sabemos,
lo que va trayendo el día esperando cada noche
esperando la otra luz que nos habita,
esperando saber aún mejor
los motivos que nos persignan.

Atravieso la puerta de Orión al cielo
vuelvo al interior del vientre labrado de laberintos
donde moriré para siempre o renaceré y viviré
                                    también para siempre.

LUNA FRÍA DE DICIEMBRE

Ella se desnuda en el paraíso
de su memoria
ella desconoce el feroz destino
de sus visiones
ella tiene miedo de no saber nombrar
lo que no existe
-Alejandra Pizarnik-

Debo testificar el invierno y la luna fría de diciembre.
La torre que tiembla en el terremoto de su locura
                                        me avisa
no lo puedo asumir. Pero he caminado
                    por el filo del precipicio,
el fino perfil de una muerte que juré y venía a
                                        destiempo.

Abriéndose el umbral de Saturno
en la puerta del hombre, la sombra,
todo lo pendiente que esperaba tras ella.
Abierto el portón mientras haya verdad pendiente,
mientras haya amor pendiente. Mientras siga
                              pendiente el sueño
y todavía haya mundo a nuestro alrededor.

A la deriva sin tu cetro señalándome de amor.
A la deriva
sintiendo cerrado el umbral que atravesábamos

para hacer mundo la inmensidad de nuestro júbilo.
Muero cada minuto sin tu voz muero
      sabiendo que muero
porque es mi única vida tu mirada
       señalándome de amor.
A la deriva sin tu milagro, sin tu beso
      persignándome.

Saturno eclipsa la luna en esta noche solsticial
abriendo aquella puerta del infierno.
Nunca fue más fría esta luna y este diciembre.
Sólo una rendija milagrosa me salvó
    de la muerte inesperada en tus palabras.

Pido a la luna fría el beso de tu boca renovada
que selle mi muerte en las horas juntos que pasan
como minutos de una a ocho, nuevos peldaños
      de la noria interminable.

Sigue siendo tú mi ángel guardián, a ti me confío.
Acepto mi rendición a la certeza que me sosiega
     y justifica mi existencia,
Dios quiere que te ame como te amo.
Aunque calle o parezca ante el mundo
    cualquier otra cosa,
aunque tuviera que negarlo o nunca vuelva a decirlo,
      te amo.

III
CONSTELACIÓN DEL AMADO

Mi voz persigue lo que mis ojos no pueden alcanzar.
Con el giro de mi lengua abarco mundos
y volúmenes de mundos.
-Walt Whitman-

LAS CUATRO ESTRELLAS MORENAS
de tu desnudo de hierba y primavera,
los cuatro puntos cardinales de mi codicia.
Proclamo con mi beso los cuatro planetas
de tu próvido firmamento,
notas de la partitura que es tu piel
para mis dedos y mis labios,
para mi lengua avariciosa y mi sed.
Busco el nombre que tenga el mapa celeste
dibujado con los astros de tu cuerpo.

Recorren las cuatro lunas gemelas
de tu atlas abierto
mi tierra de marzo insaciable de noche y quimeras
que celebren el capricho de tu gloria.
Ellas, los cuatro lados de mi cama,
las cuatro estaciones del viaje que recorre
el hueco inocente de tu cuello,
tu brazo izquierdo de espuma y risco claro,
el secreto indecible que corona tu infinito,
el delicado hueso de tu tobillo derecho.

Qué nombre alzado en el cosmos
de los arcanos celestes
te nombra para siempre eternizado en mi anhelo
que nació errante y hoy dibuja tus líneas secretas
                                        en la noche

guía de los milagros de los hombres
que envidiaron los dioses.
Sean quizá los ángeles expulsados del paraíso
que llamaron pecado
quienes hayan esculpido el paisaje
de tu cuerpo tendido, horizonte conmovido
ante mis ojos y mi desvelo estremecido.

Sean ellos cómplices de mi destino,
bordear con mis dedos de gigante rendido
                              tus paisajes,
besar las puntas erguidas de sus cumbres,
trazar con tus estrellas fúlgidas de adolescencia
los hemisferios de mi vida vía láctea,
tatuar el cielo con tu nombre de constelación
hallada por mis besos
y hacer eterno el mapa astral de tu cuerpo desnudo
en el lienzo invisible de los días.

TUS ESTANCIAS

Camino las estancias de tu casa,
senderos de tu esencia, sus espacios de luz y penumbra
los rincones más bellos y ocultos al mundo.
Tu casa es dócil a mi aroma,
abre sus puertas a mi silencio desnudo,
no enciendo las luces
no he de perturbar su mansedumbre.

Mientras abres ventanas
en vuelo de aleteo impaciente
de entrar la luz por tu mano,
de mover sillas y quitarte zapatos,
espero el beso que redime los días
y las noches de ausencia,
respiro la calma fragante de tu sonrisa pequeña
dejando las cosas del mundo sobre la mesa.

No hace frío pero dejo
que tu chaqueta me abrace antes del vino
y de besar tu cuello.
Tu casa en el cielo de Orión enamorado.
Sus cinco estrellas aguardan mi paso discreto
como tu piel de pétalo abierto espera mis dedos.

Pero el cielo pasa despacio por tu jardín,
por el tejado y las rosas demoradas del otoño.
Nada tiene prisa en tu casa
hasta el primer beso de nuestras bocas.

UNO DE AQUELLOS

Los sabios antiguos enamorados del cielo
lloraban ante los descubrimientos
de la noche y sus secretos.
Soy uno de ellos midiendo con mi emoción
cada constelación de tu piel gemela del milagro
y lloro ante los mapas que brotan por su magia
en tu inmensidad nocturna.
Soy uno de aquellos que esperaban con ansia
que cayera el día
para entregarse a la luz verdadera y su misterio.

Tu piel de cielo extendido me inunda.
Tu piel desnuda de cielo inmenso
abruma mi mente sabia,
la siento pequeña ante su grandeza,
deslumbrada y quieta
ante la otra verdad
que guarda el atlas de tu espesura.

Sé lo que sintieron aquellos enamorados
del firmamento oscuro
aquellos enamorados contadores de estrellas
que caían como lluvia sagrada sobre sus miradas
y se desnudaban de ropajes inservibles
y abandonaban sus cayados y sus tablas
y escribían en su propia piel
lo que ellas revelaban regresando a la tierra.

He gustado el sabor de las lágrimas
de aquellos que se supieron incomprendidos
porque nadie hubo contemplado lo que ellos
habían presenciado, y nadie
quiso escuchar sus espejismos apasionados
ni sus profecías, ni sus versos.

Ellos volvieron una y otra vez
a la inmensidad de la noche y siguieron llorando
ante su firmamento.

Como yo vuelvo una y otra vez a tu cuerpo
y callo la inmensidad de tu universo
y me hundo en sus caminos lácteos
y las rutas y los ríos de miel nacientes entre sombras.
Como lloro una y otra vez frente
al descanso de tu desnudez de arena blanca
mientras mis dedos alcanzan
el misterio que aquellos sabios antiguos
no pudieron tocar nunca.

GLORIA A TI

Vuelve a cortar con tu puñal cristalino
los frutos de mis ramas agitadas con tu luz.
Gloria a ti.
Mueve mis hojas enamoradas de tu viento
en el crepúsculo de tu rocío con el alba.
Gloria a tu boca enamorada
sin hablar de lo que no hablan
los amantes que se aman.

IV
EL CUERPO DEL CIELO

Me preguntas cuántos besos tuyos, Lesbia,
bastarían para saciarme.
- Cayo Valerio Cátulo-

HA DESPERTADO EL MÁRMOL
de entre tus manos besando tu piedra
de efebo y frambuesa.
Ha despertado la ciencia
y la memoria de los árboles
inmersa mi voz en tu bosque
y tu pureza.

Nació la poesía que añoraron los hombres
en la batalla de tus dedos y tu boca.
Por ti ha vuelto el misterio blanco
de ansias de palabras
que te descifran con impaciencia.

LA LÁGRIMA

El paisaje de tu cuerpo tendido
horizonte conmovido
sus ondas tocando el cielo
tocando mi emoción estremecida.

Bordear con mis dedos de gigante rendido
tus pequeños montes
las puntas erguidas de sus cumbres
desafiando mi lengua, mis tremolantes dientes.
Recorren tus valles mis versos
resbalan vocales y acentos
hasta tu ombligo intocable
misterioso cráter de playa infinita.

Llueven mis palabras como esta lágrima
sobre tu arena irrevocable
tiemblan mis huellas
alrededor de tu vientre inconmovible
mi emoción tiembla sobre tu sueño silente
y la respiración de tu piel dormida.

LIENZO SAGRADO

Pintarán mis palabras
las brumas sagradas de tu ausencia
y mi espera
como las cumbres desnudas de nieve
se dejan lamer por las nieblas
y los cirros desfigurando
celosos sus perfiles.
Quiero besar tu espalda
alzada como único paisaje a mis ojos
y mis dedos, y mi lengua y mi sed.

Lloverán las nubes agazapadas
en tus hombros y sorberé
las gotas desprendidas de tus hojas
y tus riscos
y abriré mis manos al rocío
de tu aurora regalada a mi delirio
como el cielo piadosamente
regala su azul tras la noche.

JUNIO

Dónde vaya este amor tempestad
criatura indomable
conmoción irrenunciable
dónde nos lleva el día infinito de esperar la noche
                                    juntos.
Atardece en tu cintura de álamo
orgulloso de existir, erguido
desde la orilla de tu costado breve
señalando el cielo de mi tormento.

Firmamento limpio como el alba
en aquel día de junio.
Se abría la penumbra con el gesto
glorioso de tu mano extendida.

Eres el rumor de aquel azul
entrando tu verano jubiloso de luz
entre las rendijas.
Eres el amor indomable,
el mar voluptuoso
dejándose amar todas las horas del día,
brillando inmisericorde
en tu talle inmaculado, altar de mi plegaria.

Sigo de rodillas
orando ante la perfecta proporción desnuda
de tus horas infinitas.

EL TRAIDOR

El tiempo no existe en tu piel de agosto,
en el cielo blanco de tu vientre sereno
dócil a mis dedos
suave como una acuarela
esculpida por la dulzura del sueño.

Se han detenido las horas.
Casi no respiras.
Abres los ojos a mi sollozo
de escultor enamorado del mármol
yacente bajo sus manos.

Llora el tallador cada golpe
que moldea su alabastro
como lloró Adriano cada palabra
que vertía sobre Antinoo
modelando su alma.
Llora el amante cada dedo que hunde
en la piel del amado buscando
el éxtasis nunca sabido del todo.

Sollocé y abriste los ojos.
Mi sollozo traidor del misterio
que sólo conocen las yemas de mis dedos
al tocar tu piel eternamente adolescente.

Nadie sabe
de tu piel y mi gemido.
Cierra los ojos de nuevo.

V
IMPOSICIÓN DE EROS

Eros me apresó,
no lo niego.
-Herodas-

CUÁNTAS VECES,
con cuántos talladores
hayas visto las lágrimas vertidas
del sabio ante la obra grandiosa
                    de tu cuerpo.

Cuántas veces, bellísimo Hilas
te has complacido en el silencio
del maestro emocionado,
solo roto por el ritmo de su suspiro
al palpar el cráter sagrado que proclama
                              su hondura
en la blancura de tu vientre.

TITÁN DORMIDO

Palpita el verano en la penumbra
de tu tierra prometida.
Duerme la memoria un instante
entre las rendijas del tiempo soñado,
bello Prometeo aquietado tras la lucha.
Mis ojos cincelan tu pereza somnolienta
celosos de la marea que besó tus piernas.

Las olas del acantilado esculpieron
tu majestad en la batalla
para brindar tu desnudez a la historia de tu gesta.
Tu cintura ya no guarda huellas
de aquellas cadenas doloridas
por sujetar tu brío a la roca.
Ya no quedan muestras de su paso osado y maldecido.

El tallador se sabe la ola que golpea
amorosamente tu talle deseando disolver tu tormento
y llora, sabiendo que un día la maldecirás.

Soy diluvio que sigue lamiendo tus hechuras desnudas
mezclando la sal de mis lágrimas con tu piel
endurecida por la batalla de tu furia.

Soy el escultor amante rendido
a su destino, lamer con cada grito
del mar las cadenas que te sujetan a la roca.

Cada uno de mis golpes
esculpe tu belleza desnuda
y te libera un poco más cada día,
cada golpe de mi cincel te besa
y llora tu destino de ser libre.

Soy tu escultor enamorado de la rebeldía
que no podemos evitar,
ni tu belleza, ni mis dedos.

DEVOCIÓN DEL AMANTE

Uno solo, uno cualquiera
de tus besos furtivos merece la pena,
merece la triste espera,
merece una sola, una cualquiera
de tus miradas diciendo
hola por sorpresa en medio
del mundo y la vida,
en medio de cualquier tarde
                             por sorpresa
merece la pena, merece el riesgo
un minuto, un minuto cualquiera
robado al día merece la impaciencia
merece la más larga plegaria,
                          pagar el pecado
de todas las culpas después.

Uno solo, uno cualquiera
de mis latidos cuando estoy contigo
y mi piel pierde el limite
y no tiene confín mi sonrisa
merece la pena, merece mi pena
cualquier sacrificio para correr a tu encuentro.

Un segundo, un mínimo segundo
de tu prisa cuando me abrazas,
un solo instante, cualquier instante
                        mirando tu boca

merece la espera
merece el escalofrío, la pena,
quitar la vista
de los que te miran, el punto de duda,
la piel en carne viva.

Merecen la pena uno solo, uno cualquiera
de los roces de tus dedos en los míos.
Y todos los adiós de las despedidas.

SUEÑO DE GLORIA

Sólo tu vientre derramado ante mis manos.
Sólo tu vientre remansado tras el deseo
y mi fin.

SACERDOCIO

En la penumbra del interior del sueño
tu cuerpo resplandece.
Vivo los otros universos a través
de tu aliento amansado,
trascendidas lágrimas de mi felicidad devota.

Ante tu altar elevo mi gozosa plegaria.
Tu cuerpo el templo donde entrego mis exvotos.
Quién soy ofrendando mi sacerdocio,
dejando que se consuman
mis miembros agotados de amor
Todo gira en derredor de tu santuario
alzado en el centro de las cumbres
que ya miraban al cielo antes de que existiera el mundo.

Beso tu espalda clara como besaría
los pies inmaculados de la idea que te alumbró.
Tu espalda sagrada mapa de los caminos
que descubren mis dedos ansiosos de sus rutas,
tu espalda de hoja en blanco
donde escribo con besos pequeños mis dudas,
el miedo a quebrar su acuarela, a que otros descubran
que he sellado con mi tacto los lugares de mi viaje,
oratorios donde elevo las plegarias que te ensalzan
y recogen las súplicas de mi gozo.

La inocencia de alabastro de tu costado
expuesto a la avidez de mis labios
me estremece al contraluz del mundo, al otro lado
de los cristales infinitos testigos callados de nuestra
                                         paz
                                         quieta.

Tú mirando el infinito.
Yo besando el aura que se eleva de tus hombros.

Quién soy en mi plegaria de amante
enamorado de amarte,
cantor del júbilo otorgado por los dioses
al sabio que ha de morir callando los secretos a su
                                         alcance.

Soy en tu mano más allá de los días.
Viejo resucitado en tu marea,
náufrago exaltado alcanzando tu orilla,
peregrino febril que llora entrando a la gruta donde
                                         reside
                                         la vida.

Tú mirando mi lágrima.
Yo tocando la luz que veo surgir
de tus labios.

DIADÚMENOS PIADOSO

Ciñes a tu frente la cinta de la victoria
perfecto diadúmenos de blanca arenisca
bajo mis dedos ávidos de tus perfiles
y tu divinidad inocente.
El ángulo de tu brazo recoge
el giro suave de tu rostro ensimismado
como el gesto divino que envidiaron héroes y
                                        guerreros
que creyeron alcanzar el cielo
violentando las orillas de las playas con sus gritos.

Siento el dulce juego de tus dedos
tomando el nudo de la cinta por detrás de tu cráneo
                                        celestial,
cómo acercas tu brazo izquierdo extendido
                            hacia lo alto
y lo doblas con gracia al encuentro
de tu corona labrada con el nombre de tu misterio.

Nunca tuvieron los dioses mejor homenaje
que tu belleza inmaculada
tras la exhibición de la majestad
que ellos otorgaron a tu cuerpo.

Ninguna otra vestimenta debe velar
ante el mundo tu hermosura,
el destino por el que los dioses te confieren el don

de tu victoria sobre los mortales.
No cubras tu piel.
Sólo la levedad del sudor tras la batalla de las gradas
debe celar tu cuerpo desnudo,
gemelas sus gotas con el llanto feliz de los ojos
que observan tu proporción perfecta.

Sienten los mortales admiración
por lo divino que muestra tu postura silenciosa.
Sienten los dioses envidia
de no poder acariciar la línea de tus caderas
                                        amansadas,
no poder servir de lecho a tu descanso,
no poder ser el agua donde sumergirás tu piel entera
dejando que las ondas de su corriente
laman tu costado y tu vientre,
bello atleta serenamente victorioso.

Pero espera.
Espera todavía antes de girar tu rostro
a los que aplauden con fervor tu hazaña,
deja que el maestro enamorado
dibuje con su cálamo fervoroso
el equilibrio de tu proporción perfecta.
Espera.
Ata el segundo nudo de tu cinta labrada,
la que los dioses desearon para su inmerecida gloria,
cuando ya no me quede más aliento y deba
                                        respirar de nuevo.
Demora por piedad la dádiva a mis ojos
de tu codo alzado, la tensión de tu costado,
la gallardía de tus hechuras mostrando el secreto
por el que los sabios juran que existe el cielo
y existe un motivo para vivir esta vida.

Perfilo con mi dibujo el ladeo de tu cintura,
la rotundidad de tus piernas de otro mundo,
sujeto mi suspiro, lloraré luego, bello adorado de mi
                                    cálamo,
soñando que llevaré tu alma a la piedra y te amaré
en ella así como te veo y te ven todos ahora
para siempre
regalando al universo con indulgencia
la belleza inmortal de tu proeza y tu destino.

VI
RECUERDO DEL AMADO

Muere el poeta
que talló tu ternura.
Sin ti
su canto es sólo piedra, peñasco
abandonado en el confín
a ninguna parte.

HALLÉ LA ESQUINA DE TU ARCO BAJO LA
TIERRA MALHERIDA

en el jardín que celebró tu gloria.
Yacía ahí, esculpido en el mármol
que vestía los límites de tu casa a la orilla
de la memoria que no cesa,
a la orilla del sueño que viví
por la gracia de tu amorosa indolencia.

Recogí la piedra dormida por siglos
que aún esperaba tu regreso y tu desnudo
                                    glorioso
sin sombra ni paso del tiempo.
Acaricié el mármol aún emocionado
por servir de cuna a tu costado
y lecho de tus muslos duros y hermosos.

Lloraban mis dedos
igual que en los días en que tocaron
tu piel de alabastro
al recoger la curva del arco victorioso.
Besé la piedra que habías apoyado en tu hombro.
La losa de roca labrada con el hilo
del destino dictado por Hera,
tu madre secreta.
Tú su orgullo y su silencio, el nombre
que calló siempre ante las veleidades de un esposo

que nunca supo quién fue ella
ni quién fuiste tú.

Abandonaste el arco de tu conquista
bello atleta consentido
cuando tallé las estrellas que pedía
la constelación de tu nombre en el firmamento.
Y yo abandoné mi vida
para seguir los caminos de la tuya

VERANO

Miro los caminos de tu piel
replicados en el cielo del verano añorándote
en las piernas del arquero que señala el principio
                                          del día,
añorándote en las siete estrellas del cisne en vuelo
que refulgen rivales de la luna llena.
Miro tu brazo desnudo.
Miro el vuelo de la brisa oliendo tu pelo libre
                                          y tus hombros,
miro tu sonrisa llenándome de belleza los ojos.
Eres tan bello, y es tan bella
tu cintura de verano libre y descalzo.
La bruma crepuscular te alcanza,
cierra mis ojos que sólo fueron para ti.

Miro tu piel gemela del cielo
emergiendo de la noche sobre tu boca,
sobre tu sueño imposible
sobre mi deseo pertinaz y el recuerdo
que haré mi firmamento para siempre.